LA QUESTION

ORDINAIRE

HISTOIRE D'UNE ÉLECTION ET D'UN ÉLU

Par Th. P......

Républicain radical.

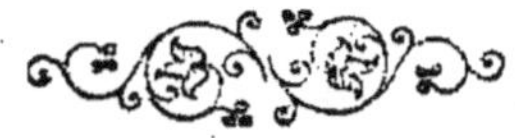

LYON

CHEZ TOUS LES LIBRAIRES

—

1877

Nous prions la **Presse républicaine** de reproduire les prin-. cipaux documents de cette brochure, car il importe que l'opinion, publique fasse justice.

LÂ QUESTION
ORDINAIRE
HISTOIRE D'UNE ÉLECTION ET D'UN ÉLU

I.

A la grande joie et aux applaudissements frénétiques de la cléricale coalition, bonaparto-orléano-légitimiste, M. Francisque Ordinaire vient de faire paraître une brochure intitulée : *Réponse à M. Gambetta*.

Cette brochure, le *Figaro* nous l'a dit, a été vendue à cet officieux organe de la réaction, pour une somme de 20 ou 25,000 francs.

Or, deux hommes seuls avaient autorité pour la vendre : M. Ordinaire et l'éditeur ; toutefois ce dernier ne pouvait traiter qu'avec le consentement de l'auteur.

Nous racontons, nous n'apprécions pas.

Du reste, ce n'est tout au long qu'une diatribe haineuse et vindicative dans laquelle M. Ordinaire n'est pas du tout justifié, et dont la presse républicaine, à notre avis, n'a pas assez fait justice. Peut-être a-t-elle préféré ne pas y répondre et ne pas toucher à de semblables ordures.

En tous cas, pour la démocratie c'est un traître qui, craignant les lois morales qu'il a violées, pleure les vertus civiques qu'il n'a jamais eues.

M. Ordinaire est rayé de nos rangs : qu'il aille rejoindre ses devanciers Darimon, Ollivier, etc.

Mais pour nous, électeurs de la 2me circonscription, pour nous qui sommes menacés de voir encore cette triste personnalité étaler impudemment son nom sur nos murs et mendier les suffrages d'une population honnête et laborieuse, il est de notre devoir de crier : casse-cou ! et de répandre à profusion la lumière.

Nous avons donc écrit l'histoire de son élection au 20 février 1876 (*peu de monde la connaisse*) les faits qu'on lui reprochait alors et ceux qu'on lui reproche aujourd'hui.

Aux électeurs de juger !

. . . .

II

Après plusieurs jours de réunions successives et d'ardentes discussions, le 12 février 1876, une grave dissension éclatait dans le sein du comité central électoral de la 2ᵐᵉ circonscription du Rhône.

Nous allons aussi brièvement, mais avec la plus grande impartialité, raconter les faits :

Un des candidats (Ordinaire), qui n'arrivait que second au dépouillement des votes des groupes électoraux, parvenait, à la suite de manœuvres lestement et habilement pratiquées, à se substituer au candidat qui avait obtenu la majorité (Millaud).

Cette substitution était pratiquée à la suite d'un vote au second degré.

Après avoir tant protesté contre les élections sénatoriales, les délégués au comité central, dupes et dupeurs, élisaient de la même façon le futur député de la Guillotière et des Brotteaux.

(Nous donnerons plus loin l'affiche justificative du comité Ordinaire, qui ne fait que confirmer nos dires).

Le premier moment de surprise passée, les dupes, *dont nous faisions partie*, qui n'avaient cru voir dans ce vote illégal, qu'une dernière préparation électorale devant être consacrée par un scrutin définitif dans tous les comités particuliers, les dupes protestaient et se retiraient en masse.

Ce fut là le premier jour de ce qu'on a appelé la *dissidence* (?)

Notre protestation, d'ailleurs, ne portait pas que sur ce seul sujet, car en outre de ce grief particulier, le candidat proposé aux électeurs n'était rien moins que présentable à tous les points de vue : moraux, physiques et intellectuels.

On l'avait, dans les jours précédents, vivement combattu ; sa conduite privée et publique avait été attaquée avec véhémence et ces accusations étaient d'autant plus graves, que M. Ordinaire, dans ses confrontations avec les accusateurs, n'avait pas du tout pu prouver le contraire.

Nous donnons le procès-verbal authentique de la première séance du comité dissident (?) Il explique quelques-unes de ces accusations.

M. Ordinaire et les membres de son comité Λ avaient été invités.

Copie textuelle du procès-verbal de la réunion tenue le 14 février 1876, chez le citoyen B....

« A 8 heures 1 4 la séance est ouverte.
« Le bureau est composé des citoyens Rubiron, président;
« Grange et Pouchol, assesseurs, et Jacob, secrétaire.
« Le citoyen *Estivin* a la parole pour expliquer le but de la
« réunion, qui est de s'entendre sur le choix d'un candidat à
« opposer à M. Ordinaire, attendu que les charges qui ont été
« relevées contre lui le rendent difficile à la représentation.
« Le citoyen *Soudan* prononce quelques paroles véhémentes, la
« parole lui est retirée.
« *M. Ordinaire* prétend qu'il est attaqué dans sa vie privée par
« un homme qui a eu besoin de lui dans un moment difficile, par
« le citoyen B..., qui, au moment où il était emprisonné, avait
« des effets de commerce à payer et n'y pouvait faire face. Une
« collecte fut faite à l'Assemblée nationale par M. Ferrouillat,
« M. Ordinaire y a contribué et en conséquence avait lieu d'at-
« tendre un peu plus de reconnaissance. Il lit ensuite un article
« du *Courrier de Lyon* et se demande si cette réunion n'est pas une
« manœuvre de la dernière heure et s'il n'y a pas en dessous la main
« de la police ou de Loyola (*sic*). Relativement à l'accusation d'être
« un joueur, il convient qu'il a joué, mais que c'est avec son argent
« et que *beaucoup de personnes occupant des postes très-élevés, jouent
« aussi.* Quant à sa présence à l'Assemblée, elle est constatée par
« l'*Officiel*, excepté une fois qu'il était retenu dans les bureaux de
« l'Assemblée comme membre d'une commission pour les inondés
« du Midi. (Nota. — Commission qui n'a jamais existé).
« L'orateur se lance ensuite dans des personnalités qui soulèvent
« un tumulte indescriptible.
« Le citoyen B... répondant à M. Ordinaire, dit qu'il n'est pas
« son ennemi, que les faits qu'il a avancés viennent du tribunal,
« qu'ils sont publics, qu'il s'en empare, qu'il est assez juste puis-
« que M. Ordinaire veut être député, qu'on connaisse non-seul -
« ment sa vie politique, mais encore les actes de sa vie privée
« pouvant donner prise à la réaction qui s'en emparerait pour faire
« rejaillir la tache sur tout le parti républicain.
« Quant à l'affaire de la souscription faite à l'Assemblée natio-
« nale à son profit, c'est M. Varambon qui, en ayant pris l'initia-
« tive, a reçu de Paris 80 francs qui ont été remis à Mme B.....
« mère, pour faire face à une échéance. L'orateur explique qu'il
« était en prison, dans l'impossibilité de travailler, mais qu'au-
« jourd'hui il tient la côte-part de M. Ordinaire à sa disposition.
« Pendant tout le temps que le citoyen B..... parle, les inter-
« ruptions se croisent en tous sens, le tumulte est tel que le pré-
« sident menace à plusieurs reprises de lever la séance.
« Le citoyen *Tourlonnias* prend la parole; il désirerait que la vie
« privée de M. Ordinaire ne soit pas attaquable, malheureuse-
« ment il en est autrement. Il le prie donc conformément à la
« demande qui lui en a été faite dans la journée, de se retirer de
« l'arène électorale, il rendra service à la démocratie lyonnaise.
« L'orateur donne connaissance d'un relevé officiel du bureau
« des hypothèques de Lyon, établissant que tous ses biens sont

« grevés de 21 inscriptions s'élevant au chiffre de 408,000 francs
« c'est-à-dire bien au-delà de la fortune de M. Ordinaire.

« Il lit la raison de quelques-unes de ces inscriptions qui sont :

« 1º Jugement du tribunal de commerce de la Seine, du 11 oc-
« tobre 1872, condamnant M. Ordinaire à payer à MM. Moslea et
« Cᵉ, banquiers à Paris, la somme de 5,500 francs.

« 2º Jugement du 3 août 1875, rendu par le tribunal de la Seine
« au profit de MM. veuve Lacroix et Cᵉ, banquiers à Paris, pour
« une somme de 27,000 francs.

« 3º Jugement du 5 octobre 1875, rendu par le tribunal de
« commerce de la Seine, au profit de M. Frédéric Jacob Pêtre,
« banquier à Paris, pour une somme de 5,000 francs.

« 4º Jugement du 26 octobre 1875, rendu par le tribunal de
« la Seine, au profit de MM. A. de Pons, Dupuis et Cᵉ, banquiers
« à Paris, pour une somme de 11,500 francs.

« 5º Jugement du 14 octobre 1875, rendu par le même tribunal
« au profit de M. Joseph Thiébaud, *marchand boucher à Puteaux*
« *(Seine)*, pour une somme de 947 francs 90.

« 6º Jugement du même jour, rendu par le même tribunal, au
« profit de M. Jean Paloumet, *marchand boulanger à Puteaux (Seine)*,
« pour une somme de 949 fr. 15.

« 7º Jugement du 17 novembre 1875, rendu par le tribunal civil
« de Lyon, au profit de M. Antoine Perrissol, quincailler à Nice,
« pour une somme de 7,160 francs.

« 8º Jugement du 12 janvier 1876, rendu par le tribunal civil de
« Lyon, au profit de M. Guillaume Voiron, propriétaire de l'hôtel
« de Russie, demeurant à *Monte-Carlo (Monaco)*.

« 9º Jugement du 23 septembre 1875, rendu par le tribunal de
« commerce de la Seine, au profit de M. Hilaire Delrue, banquier
« à Paris.

« A ce moment, l'orateur ne pouvant continuer tant le tapage est
« grand, descend de la tribune.

« Le secrétaire donne lecture d'une lettre du citoyen Crestin,
« annonçant qu'il décline toute candidature.

« Des colloques personnels s'établissent avec M. Ordinaire qui
« annonce que M. B..... lui a refusé une réparation par les armes.

« Le citoyen B.... lui déclare qu'il est mal renseigné, qu'il a
« reçu ses témoins et qu'il a chargé deux de ses amis de s'entendre
« avec eux.

« M. Ordinaire retire ses paroles.

« Le citoyen *Pasquet* demande à M. Ordinaire s'il était à sa
« place à l'Assemblée ou en Belgique, le jour où il a servi de té-
« moin à M. Fould, le fils de l'ex-ministre bonapartiste.

« M. Ordinaire répond qu'effectivement il a servi de témoin au
« fils Fould, qui est un charmant garçon d'ailleurs, et qu'il a pro-
« fité de l'occasion pour aller faire une petite visite à son ami
« Ranc, à Bruxelles. Que même, à ce propos, Gambetta lui a ver-
« tement savonné les oreilles en lui disant : Ordinaire ne recom-
« mencez pas de pareilles escapades. (Textuel). (Rire général et
« applaudissements ironiques).

« Le citoyen *Ferra* rappelle la réunion des délégués et proteste
« contre les manœuvres de la dernière heure.

« Le citoyen *Gramusset* défend la manière d'opérer du comité
« qui est connue depuis cinq ans.

« Le citoyen *Bischoff* explique que des délégués en déposant
« les procès-verbaux des groupes, avaient fait la réserve que s'il
« était prouvé que M. Ordinaire était un joueur, les voix qui lui
« étaient données lui seraient retirées ; qu'il n'en a pas été ainsi ;

« que dans la dite réunion on a étouffé la discussion en ne
« laissant pas parler ceux qui faisaient de l'opposition à la candi-
« dature Ordinaire ; que le président lui-même a été d'une par-
« tialité notoire; qu'en un mot le vote a été enlevé et surpris,
« que d'autre part il est illégal.

« Le tumulte devient si grand que l'orateur ne peut plus se faire
« entendre.

« Le citoyen *Bischoff* finit en maintenant que le vote a été en-
« levé.

« Les interruptions sont tellement multiples que la séance est
« suspendue de fait.

« Le président met aux voix la levée de la séance qui est re-
« poussée.

« Le bruit persistant, l'Assemblée est suspendue dix minutes
« pour permettre de sortir à *ceux qui ne veulent qu'empêcher toute*
« *discussion.*

« Un quart d'heure après la séance est reprise.

« Le citoyen *Alaterne* propose de porter comme candidat le
« citoyen Crestin, malgré son désistement.

« Le citoyen *Bouvier* propose le citoyen Crestin et en cas de re-
« fus le citoyen Chavanne.

« Cette proposition mise aux voix est adoptée à l'unanimité.

« En conséquence le citoyen président propose de nommer une
« commission exécutive, qui se chargera de voir les candidats et
« et de faire toutes démarches.

« Sont nommés : les citoyens Tourlonnias, Pasquet, Mazaira,
« Bischoff, Murat, Laroche, Blouin, Brialoux (non acceptant), et
« Faure, (tous délégués de groupes).

« La séance est levée à 11 heures 1/2.

« Ont signé ledit procès-verbal : Tourlonnias, président, Jacob,
« secrétaire.

III.

Ainsi qu'on l'a lu plus haut le citoyen Crestin avait
dès l'abord refusé toute candidature, mais cette réso-
lution vivement combattue par les membres de la
commission exécutive fut abandonnée le 15 février
au matin ainsi que le déclarent les trois pièces ci-
-après, qui en expliquent les motifs :

Voici la première : (copie textuelle de l'original).

« La période des réunions publiques étant fermée, dans l'im-
« possibilité de consulter autrement les électeurs, dans la crainte
« de voir un nombre considérable d'abstentions dans le 3e arron-
« dissement,

« Je ne consens à revenir sur ma décision d'hier qu'à la condi-
« tion que les conseillers municipaux signent l'appel aux élec-
« teurs pour ma candidature.

« Lyon, le 15 février 1876.

« Signé : CRESTIN. »

La seconde est un appel aux électeurs, ainsi
conçu :

« Citoyens : Nous engageons tous les électeurs républicains de
« la 2e circonscription à voter pour le citoyen *Crestin.*

« Nous combattons la candidature du citoyen Ordinaire parce
« que nous voulons le triomphe de la République et de la liberté.

« Les groupes d'électeurs de la 2e circonscription du Rhône
« n'ont pas été suffisamment éclairés sur la personnalité du citoyen
« Ordinaire; *mieux informés, ils auraient repoussé ce candidat.*

« Electeurs !

« Vous savez qui nous sommes, nous n'avons qu'un seul but,
« celui de vous éclairer, et nous acceptons la responsabilité de
« notre démarche.

« Nous en appelons donc au suffrage universel et nous atten-
« dons avec confiance son verdict.

« Signé : Vacheron, Chambard-Hénon, A. Castellan, Tour-
« lonnias, E. Chaboud, Fossard, Gadot, Valensaut, Volatier,
« tous conseillers municipaux des 3e et 6e arrondissements.

Nota. — M. Vacheron, qui le premier avait donné
sa signature et promis son concours, pria le *Petit
lyonnais* de le faire rayer.

Cette proclamation ne fut affichée que le 18 février
au soir.

Enfin voici la troisième pièce explicative de l'ac-
ceptation définitive du citoyen Crestin.

« En présence des explications échangées entre les citoyens
« délégués et moi,

« La commission exécutive des deux comités des 3e et 6e arron-
« dissements étant d'accord pour la conciliation et ne s'opposant
« pas à ma candidature,

« Les signatures des conseillers municipaux m'étant acquises,

« Cette candidature devient une candidature régulière et *non*
« *dissidente* (?).

« Je l'accepte.

« Signé : Crestin. »

Nota. — Cette pièce fut enregistrée dans le *Petit
lyonnais* du 18 février.

IV.

A la suite le comité séparatiste tint de fréquentes
réunions privées, éclaira le plus grand nombre
d'électeurs possible, mais ne parvint qu'avec beaucoup de peine, à faire enregistrer le nom de son candidat sur le *Petit lyonnais*.

A ce propos, nous dirons un mot : le principal reproche qu'on fit aux dissidents (?), fut qu'ils arri-
vaient trop tard. C'est une complète erreur, car le nom
de leur candidat fut porté le 14 février à minuit au
Petit lyonnais et le 15 février au matin au *Progrès;* la
candidature de M. Ordinaire n'était pas encore enregistrée et la grande masse des électeurs ignorait les
querelles intérieures des deux comités.

Le *Petit Lyonnais* demanda un jour pour réfléchir : il en prit trois et ce ne fut *qu'à la prière d'un candidat d'une autre circonscription et sur un vote de la rédaction* que le nom du citoyen Crestin fut enregistré, dans le numéro du 18, *mais sans proclamation et avec mention de ce simple procès-verbal :*

« Les soussignés, membres de la commission exécutive du co-
« mité électoral de la 2e circonscription, certifient que la candi-
« dature du citoyen Crestin a été adoptée à l'unanimité de leurs
« groupes réunis.

« La majorité des conseillers municipaux des 3e et 6e arrondis-
« sements est également sympathique à cette candidature ainsi
« qu'ils en ont signé l'attestation.

« TOURLONNIAS, président de la commission exécutive, PASQUET,
« secrétaire, PINET, ex-conseiller municipal, F. BISCHOFF, LAROCHE,
« Eugène BLOUIN, Louis FAURE, MAZAIRA, ex-conseiller municipal,
« MURAT. »

Le *Progrès* lui, trouva plus simple de refuser caté-goriquement. On approchait du jour du vote, le temps pressait ; alors, en présence de ce refus et de l'ajour-nement du *Petit lyonnais*, la commission exécutive du comité séparatiste fit imprimer une affiche ainsi conçue :

« La commission exécutive prévient les électeurs de la 2e cir-
« conscription, que la presse républicaine de Lyon, lui ayant ar-
« bitrairement refusé son concours elle ne pourra communiquer
« que par la voie de l'affichage.

« Les électeurs qui voudraient avoir des renseignements précis
« sur les candidats pourront les prendre chez le citoyen Tourlon-
« nias, président de la commission exécutive, rue Monsieur, 104,
« de huit heures à midi. »

C'est à la suite de cet affichage qu'eurent lieu l'in-tervention et le vote dont nous avons parlé plus haut. M. Ballay, directeur du *Petit lyonnais*, fit appeler le citoyen Tourlonnias et lui offrit d'insérer la candi-dature Crestin, s'il voulait revenir sur les termes un peu vifs de la dite affiche. Dans l'intérêt de l'élection, le citoyen Tourlonnias accepta et la candidature Crestin fut admise.

Mais le *Progrès*, qui dès le début de la période élec-torale, avait *promis d'insérer toutes les candidatures répu-blicaines*, le *Progrès* nous demeura toujours hostile, et voici dans quels termes l'officine de Mme Chanoine annonce la division du comité central et apprécie la proclamation du comité dissident (?)

« *Progrès* du 18 février. — Si nos renseignements sont exacts,
« et nous avons de fortes raisons de croire qu'ils le sont, l'une
« au moins de ces affiches serait conçue en des termes tels que
« tous les bons citoyens seront péniblement surpris de la voir sui-

« vre du nom d'un homme qui jouissait de l'estime et de la consi-
« dération de tous.

« Nous voulons parler de la proclamation par laquelle on re-
« commande aux suffrages des électeurs de la 2e circonscription
« la candidature de M. Crestin, membre du Conseil général du
« Rhône.

« Comment M. Crestin persiste-t-il à être la dupe d'une intrigue
« dont les fils sont si transparents?

« Pourtant lundi dernier, nous pouvons l'affirmer sans crainte
« d'un démenti, M. Crestin avait déclaré par écrit qu'il n'acceptait
« pas la candidature qu'on lui offrait contre celle de M. Ordinaire.

« Et dès mardi matin M. Crestin revenait sur la promesse faite
« par lui la veille. (NOTA. — On a vu les motifs de cette détermi-
« nation).

« Sans insister davantage, demandons nous si un homme qui,
« à quelques heures d'intervalle, passe d'une opinion arrêtée à une
« autre opinion complètement opposée et revient sur une promesse
« écrite, offre aux électeurs les garanties de fermeté, d'inflexibilité
« de celui qui aspire à l'honneur de les représenter.

« D'autre part, en admettant qu'il y ait parmi les membres du
« comité qui fait si bien les affaires des réactionnaires et de l'ad-
« ministration, des hommes que nous nous étonnons d'y voir four-
« voyés, nul n'ignore, et M. Crestin pas plus que tout autre, que
« certaines personnalités de la Guillotière, sont les agents les plus
« actifs, — quoiqu'ils procèdent par des moyens ténébreux —
« des comités de comptabilité.

« Chacun le sait à Lyon, il y a dans certains bas-fonds, une
« queue » qui a la prétention de faire du socialisme et ne fait que
« le combat contre la république et les républicains, au profit du
« régime détesté qui, pendant vingt années, a fait la honte et a
« failli consommer la perte de notre pays.

« Comment M. Crestin se laisse-t-il duper à ce point?

« Signé : V. LAGRANGE. »

Il faut avouer qu'il est difficile d'être plus haineux; on croirait lire la prose d'un faux dévot, d'autant plus que ce M. Lagrange — un tout nouvel arrivant — savait *très-bien*, ayant assisté à la principale réunion de quelle injuste façon on avait procédé.

Et qu'on aille pas nous dire qu'en cette occasion le journal républicain (?) le *Progrès* faisait œuvre pie et suivait une ligne de conduite démocratique! car alors nous lui demanderions quels étaient les motifs qui le portaient à combattre le comité régulier de l'Isère et suggérer des candidatures ambitieuses en face des candidats réguliers, choisis et nommés par le dit comité?

VI.

Nous entrons dans le moment le plus effervescent de la période : le Comité *dissident* (?) fit paraître une proclamation que ne voulurent insérer ni le *Petit Lyonnais*, ni le *Progrès. O bonne foi!*

La voici textuelle :

« Chers concitoyens : le régime le moins compatible avec les
« folles dissipations de la vie privée ; le régime qui commande le
« plus d'austérité dans le caractère, le plus de sévérité dans les
« principes ; le régime qui exige la contrainte et la modération,
« parce que savoir se contraindre et se modérer, c'est se soumettre
« aux inflexibles préceptes de la justice sociale :
« C'est le régime républicain.
« Qui, nous le demandons, peut affirmer la sincérité et la fer-
« meté politiques d'un homme, alors que personne ne peut garan-
« tir la régularité de ses relations particulières ?
« Après avoir pris connaissance de *faits graves et indubitables*, nous
« nous sommes trouvés dans la douloureuse obligation de nous
« séparer de quelques-uns de nos coréligionnaires.
« Nous nous sommes donc préoccupés de choisir un candidat qui
« puisse nous offrir ces garanties morales et matérielles.
« Nos vues se sont arrêtées sur le citoyen Crestin, docteur en
« médecine, conseiller général du 8e canton, ex-maire républicain
« du 3e arrondissement.
« Il y a longtemps que notre candidat est dans l'arène politique ;
« dans tous les combats livrés depuis la révolution de 1843 contre
« le césarisme et l'autocratie nous l'avons vu sur la brèche, pren-
« dre notre tête et risquer sa vie et sa fortune.
« Opposant sous l'empire, alors que ce seul titre était un danger
« redoutable, il n'hésita pas à jouer sa personne. Nos votes una-
« nimes l'envoyèrent au conseil d'arrondissement en 1866, où il
« occupa dignement son mandat.
« Membre d'un conseil élu, maire du 3e arrondissement, en butte
« aux vexations quotidiennes d'une réaction impitoyable, ayant à
« lutter contre une administration partiale, alors que l'avènement
« de la République avait déterminé pour lui une recrudescence de
« calomnies et de persécution du bonapartisme,
« Notre candidat n'a jamais fléchi, jamais hésité.
« Délégué de la commune de Lyon nous l'avons vu se précipiter
« entre Paris et Versailles et demander à grands cris la cessation
« de cette guerre anti-fraternelle où le sang coulait à flots.
« Ses principes républicains sont tellement connus qu'il serait
« superflu de les rappeler.
« Au 8 février 1871, vous lui avez donné 43,500 suffrages. Ce
« chiffre seul est assez éloquent.
« Vous nous donnerez raison dans notre choix, nous en avons
« la certitude.
« Vous penserez en d'autres termes, qu'une série d'actes répu-
« blicains vaut encore mieux pour la République qu'une phrase
« ou une série de phrases plus ou moins habilement prodiguées.

          « Citoyens,

« L'Institution de la République, c'est une égalité profonde.
« La République est seule et peut seule être du définitif dans
« la sécurité, elle est l'autorité du fait et la légitimité du droit.
« Nommons donc un républicain éprouvé, convaincu, *dont nous*
« *n'aurons à craindre aucune défection* et qui, dans les moments diffi-
« ciles, dans les crises politiques et sociales que nous avons en-
« core à traverser payera de sa personne.
« Vive la République !
« Les membres de la commission exécutive : TOURLONNIAS, con-
« seiller municipal ; PINET, ex-conseiller municipal ; MAZAIRA,

« ex-conseiller municipal; Murat, Pasquet, Faure, Laroche, Bis-
« choff, Blouin.

« Ont adhéré spontanément : Chambard-Hénon, Vacheron,
« A. Castellan, Valensaut, Tourlonnias, Volatier, Gadot, Fos-
« sard et Chaboud, conseillers municipaux des 3e et 6e arrondisse-
« ments.

Vu : Crestin. »

Cette proclamation, dont chacun reconnaîtra la simplicité et la modération, fit pousser les hauts cris au journal le *Progrès*, qui, par la plume de son rédacteur en chef, M. Ch. Mengin, y répondit le 19 février, dans un article à sensation dont on remarquera la violence et qui avait pour titre : *Les dissidents*.

« Nous avons énergiquement refusé de nous associer à la ma-
« nœuvre inqualifiable organisée à la dernière heure contre la can-
« didature adoptée samedi dernier, par le comité central électoral
« du 2e arrondissement (*sic*).

« Convaincu que c'est la démocratie elle-même qui doit dési-
« gner ses candidats; (Nota. — M. Mengin doit être parent de
« M. de la Palisse).

« Convaincu que l'esprit de discipline, que la sagesse, que l'in-
« telligence politique (ils ne l'ont guère prouvé en cette occasion)
« des républicains lyonnais offrent à tous les électeurs les garan-
« ties les plus sérieuses ;

« Convaincus que les comités centraux électoraux de chaque
« circonscription représentent exactement, fidèlement, mathéma-
« tiquement les opinions, les désirs de la majorité de chacune des
« circonscriptions ;
Etc., etc.

VII

Encouragé par la presse, le comité central de la 2me circonscription, imitant la violence du *Progrès*, fit paraître une proclamation ainsi conçue :

« Citoyens,

« Nous venons au nom de la vérité outragée, protester contre
« les assertions mensongères d'une prétendue commission exécu-
« tive, composée de MM. Tourlonnias, Pasquet, Bischoff et con-
» sorts, qui prétend que la candidature du citoyen Crestin a été
« adoptée à l'unanimité des groupes des 3me et 6me arrondissements
« réunis. Rien n'est plus faux que cette allégation. Il nous est
« facile de rétablir les faits. Les voici dans toute leur vérité :
« Les délégués des groupes républicains de la 2me circonscrip-
« tion réunis en Congrès le samedi 12 février, au nombre de 103,
« ont procédé au vote par bulletin secret sur le choix d'un candi-
« dat pour la 2me circonscription. Le dépouillement a donné le
« résultat suivant :
« Ordinaire,   66   voix.
« Millaud,   25   —
« Crestin,   9   —
« Ballue,   2   —
« Bulletin bl.,   1   —

« En conséquence, le citoyen Ordinaire ayant obtenu la majorité
« absolue, a été acclamé candidat dans la 2me circonscription, sans
« qu'il se soit produit aucune contestation.

« Il est regrettable, après ce vote qui leur était parfaitement
« connu *et auquel quelques membres de cette commission ont pris part,*
« que des citoyens honorables, des conseillers municipaux se
« soient laissé entraîner dans une voie pareille, qui fait si bien le
« jeu de la réaction, et qui est certainement l'œuvre de gens qui
« veulent jeter la division dans le parti républicain.

« **En outre,** il est étrange que lesdits conseillers municipaux se
« servent de leur qualité d'élus pour venir, au dernier moment,
« exercer une pression sur les électeurs qui seuls ont le droit de
« choisir leur candidat, et appuyant une candidature dissidente(?)
« viennent faire revivre la candidature officielle.

« Les membres de la commission exécutive : Genetier, Charvieux,
« Champagnon, Lance, Clavel, Charlet, Ch. Thivollet, Billand,
« Bourgey, Ferra, Gramusset, Blanc, Michaloud, Bonnoit, Gandy,
« Soummeroch.

Ici nous ferons une courte digression.

Pour rester dans notre rôle impartial d'historien,
nous laisserons aux documents officiels le soin de
réfuter comme ils le méritent les allégations et les
chiffres de la commission exécutive ci-dessus.

Mais nous demanderons aux citoyens sus-nommés
et dont quelques-uns nous sont particulièrement
connus : Dix-huit mois se sont écoulés depuis ces
faits, nous n'incriminons pas votre conduite d'alors,
car en votre conscience, malgré les preuves abon-
dantes, vous pouviez ne pas être complètement
éclairés, mais aujourd'hui les faits qui n'apparais-
saient que derrière le rideau, sont dévoilés au grand
jour, non pas par nous, non pas par la réaction,
mais par votre candidat lui-même. Eh bien, en pareil
cas, dans les mêmes circonstances, jugeriez-vous les
dissidents (?) de la même façon et agiriez-vous de
même (?)

Cette affiche du comité central, injurieuse, men-
songère et diffamante, ne pouvait pas rester sans réponse; la commission exécutive dissidente(?) jugea op-
portun de le faire comme elle le devait, honnêtement,
en toute sincérité et les preuves à la main.

Mais, peine inutile, la presse qui avait enregistré
l'accusation *ne voulut pas insérer la défense* et,.. il était
trop tard pour la faire paraître sur les murs.

Nous insistons donc encore une fois pour prouver
nos dires ; la presse refusa obstinément d'insérer la
réponse avant comme après les élections du 20 février,
et refusa, *même par voie d'huissiers;* nous avons sous

les yeux l'original de l'acte qui fut lancé à ce sujet, le voici :

« L'an 1876, le 23 février, à la requête de M. Bischoff, employé
« de commerce, demeurant à Lyon, cours de Brosses, n° 33.

« Je, Pierre Ginet, huissier, reçu au tribunal civil de Lyon, y
« demeurant cours de Brosses, n° 16, soussigné, ai signifié et dé-
« claré :

« 1° Au journal le *Progrès* en parlant, dans ses bureaux sis à
« Lyon, à M. Meygret.

« 2° Au journal le *Petit Lyonnais* en parlant, dans ses bureaux sis
« à Lyon, à M. Mathian.

« Qu'à la date du 19 février courant, le réquérant, au nom des
« délégués patronnant la candidature de l'honorable M. Crestin,
« a protesté contre les faits mensongers publiés, par une manœu-
« vre de la dernière heure, par les organes sus-mentionnés au
« nom du comité central, et que pour rendre hommage à la vérité,
« il livre à l'appréciation des électeurs la protestation ci-dessous
« dont les deux journaux *ont formellement* refusé l'insertion qui
« leur en avait été demandé.

« En conséquence, j'ai fait sommation aux susdits journaux en
« parlant comme dessus, d'avoir à insérer dans leur plus prochain
« numéro, la protestation ci-dessous :

« Comité électoral des républicains radicaux de la 2ᵐᵉ circons-
« cription.

« En réponse à la protestation du comité central et pour faire con-
« naître aux électeurs, quel cas les membres de ce comité font du
« suffrage universel, il nous suffira de reproduire les chiffres
« donnés par le vote des groupes.

« Millaud,   648   voix.
« Ordinaire,   609   —
« Ballue,   577   —
« Chavanne,   459   —
« Crestin,   299   —

« (Comme on le voit, le choix du comité central aurait dû s'ar-
« rêter sur M. Millaud, qui n'était pas classé en ce moment ; il
« n'en a rien été).

« De plus, sur les 609 voix données à M. Ordinaire, il avait été
« formellement déclaré par plusieurs délégués : *que leur groupe*
« *ne donnait leurs voix à ce candidat qu'à la condition que les accusa-*
« *tions portées contre lui, seraient mal fondées*.

« La discussion qui devait avoir lieu à ce sujet, ayant été
« étouffée par une coterie provocatrice et tumultueuse, il a été
« complètement impossible d'obtenir les éclaircissements deman-
« dés.

« C'est dans ces conditions d'esprit de parti pris et malgré les
« décisions arrêtées antérieurement *de se conformer strictement aux*
« *chiffres des groupes* que l'on en a faussé le résultat définitif en ame-
« nant à un vote au second degré.

« Ce vote au second degré a eu lieu sans que les délégués aient
« eu aucun mandat pour cela.

« Une quantité de délégués a protesté contre ce vote fantaisiste
« et ce n'est qu'après plusieurs réunions privées conciliatrices
« *(le 13 et le 14 février)* et après avoir acquis la preuve patente,
« irréfutible, que le comité central voulait persister dans la voie
« illégale où il s'était engagé, que nous nous sommes vus dans
« l'obligation de nous séparer de lui et d'adopter la candidature

« de l'honorable docteur Crestin, comme candidature républicaine
« locale.

« C'était pour nous une candidature d'indépendance et de mo-
« ralité. Assistaient et ont protesté contre le récit du comité cen-
« tral : MM. Bouvier, Bongrand, Bischoff, Chalumeau, Grange,
« Joly, Jacob, Menu, Pasquet, Mazaira, Dubuyat et autres dont
« nous ignorons les noms, tous délégués de groupes.

« Et j'ai déclaré, etc., etc. »

IX

Cette protestation que refusa d'insérer la presse républicaine, ne fit qu'aiguiser et envenimer plus encore la discussion. Le *Progrès* dans son numéro du 19 février, tint par la voix de M. Lagrange les propos suivants :

« On s'efforce d'établir à propos des candidatures Crestin et
« Baudy, une équivoque qu'il importe de dissiper.

« La candidature de M. Crestin, est, dit-on, proposée par un
« comité républicain, c'est contraire à la vérité.

. . . .

« Comment et pourquoi M. Baudy qui était résolu à faire de
« l'indiscipline dans la 3me circonscription, s'est-il introduit dans
« la 2me circonscription.

. . . .

« Les partisans de la candidature Crestin, ont-ils conscience du
« rôle qu'ils jouent? Et M. Crestin lui-même comprendra-t-il que,
« dans cette occasion, il ne fait que servir de paravent à la can-
« didature Baudy. »

M. Lagrange commettait encore, comme toutes les fois qu'il a pris la parole dans cette affaire, des erreurs gratuites.

Oui, la candidature Crestin était complètement distincte de la candidature Baudy, à tel point que les dissidents (?) ont été les derniers à la connaître. Et cette affirmation est prouvée par diverses déclarations du *comité électoral républicain radical* régulièrement constitué.

L'une entr'autre de ces délibérations, fut portée aux journaux le *Progrès* et le *Petit Lyonnais* qui, encore une fois, se gardèrent bien d'en faire mention, certains qu'ils étaient, en découvrant la vérité, de faire échouer leur *joli* candidat.

Cette délibération fut consignée sur la sommation judiciaire citée dans notre chapitre VIII, la voici :

. « Devant les insinuations calomnieuses faites contre le comité
« qui patronne la candidature de l'honorable M. Crestin, les
« membres composant ce comité déclarent qu'ils repoussent toute
« solidarité avec les candidatures qui viennent de surgir dans les

« 1re et 2me circonscriptions pour faire échec aux choix *parfaite-*
« *ment réguliers* des comités de ces circonscriptions.

« Le Secrétaire : signé BISCHOFF. »

Quand à défendre M. Baudy du triste rôle qu'il a joué, on comprendra que cela ne rentre ni dans notre cadre, ni dans nos intentions. Nous expliquerons néanmoins à M. Lagrange qui jouait à *l'ignorance,* que M. Baudy, électeur dans la 2me circonscription, était le délégué *régulièrement* nommé d'un groupe *régulièrement* constitué ; mais, que depuis lors, son titre de délégué ne l'a pas empêché d'être mis en quarantaine par tous nos amis, et que nous ne saurions pas assez sévèrement juger sa conduite en cette occasion.

X

Dans le *Progrès* et le *Petit Lyonnais,* du même jour (19 février), M. Ordinaire fit paraître la menace suivante :

« J'ai l'honneur de vous informer que je vais immédiatement
« livrer aux tribunaux compétents, les signataires de l'affiche de
« l'honorable docteur Crestin. »

Cette menace, nous l'avons appris plus tard, émanait directement du comité central qui, sottement, naïvement, s'imaginait qu'un bon procès rendrait impossible toute nouvelle attaque contre son candidat.

M. Ordinaira l'écrivit, mais bien résolu en lui-même de ne jamais la *mettre en exécution.*

Au grand jour, dans toute leur odieuse nudité, un procès eut fait paraître les faits scandaleux qui étaient encore dans le domaine privé. On comprendra facilement que M. Ordinaire n'y tenait pas.

Cependant les personnes menacées et voulant prouver à M. Ordinaire, au comité central et aux journaux, que cette puérile menace ne les avait guère touchés, envoyèrent, *toujours sur papier timbré,* la sommation suivante :

« Lyon, le 28 février 1876.

« M. le Rédacteur en chef du journal le *Progrès,*
« Nous lisons dans votre numéro du 19 février courant, l'entre-
« filet suivant :
« J'ai l'honneur de vous informer que je vais immédiatement
« livrer aux tribunaux compétents les signataires de l'affiche de
« l'honorable docteur Crestin.

« Signé : ORDINAIRE. »

« Cette menace ne s'exécutant pas, et comme nous pourrions
« l'attendre longtemps, *nous mettons M. Ordinaire, au défi d'y donner*
« *suite.*

« Le président de l'ex-comité central des républicains radi-
« caux de la 2me circonscription du Rhône.

« Signé : TOURLONNIAS. »

XI

Nous avons, croyons-nous, suffisamment démon-
tré la façon autoritaire, césarienne et despotique dont
se fit l'élection Ordinaire.

Le comité central de la 2me circonscription aidé
d'une presse-lige absolument, aveuglément dévouée,
et secondé par l'ignorance des masses, obtint une
majorité écrasante.

Un seul journal nous avait patronné ; malheureusement son format restreint et sa publicité peu abon-
dante, ne purent guère influencer les électeurs : c'est
la *Renaissance* qui, dans son numéro du 20 février,
paru le 19, disait :

« La candidature du docteur Crestin contre M. Ordinaire,
« n'offre pas precisément *un caractère politique.* Les électeurs qui
« patronnent M. Crestin estiment, qu'à divers point de vue,
« *M. Ordinaire ne peut les représenter dignement,* ainsi que semble
« l'indiquer la première phrase de leur circulaire.

« D'autre part, M. Ordinaire est à peine lyonnais et il ne s'est
« guère fait remarquer à la Chambre *que par ses nombreuses ab-*
« *sences.*

« Dans ces conditions, nous n'hésitons pas à soutenir la candi-
« dature de M. Crestin, qui soulève une double question de mora-
« lité et d'indépendance. »

Ce fut, dans toute la période électorale, le seul en-
couragement que reçurent les républicains hon-
nêtes, les démocrates sincères qui patronnaient la
candidature Crestin.

Or, nous l'assurons sans crainte d'erreur, ce que
voulaient les dissidents, ce que voulaient les citoyens
ayant souci de leur dignité, des intérêts publics, de
leur droit et de leur devoir d'électeurs, c'était un re-
présentant à l'abri de toute légitime défiance, qui,
comme la femme de César, ne put même pas être
soupçonné.

La candidature Ordinaire était désastreuse pour
notre parti, les événements nous l'ont prouvé.

M. Ordinaire, aujourd'hui insolvable, puisque la
vente forcée de ses biens mobiliers et immobiliers n'a
pas suffi à désintéresser le quart de ses créanciers,

M. Ordinaire, disons-nous, connaissait, au 20 février, sa position financière, il eut dû refuser la candidature ; c'était le devoir d'un honnête homme.

Mais non ; loin de suivre la loi de la probité la plus élémentaire, M. Ordinaire dans un langage impudent, nia les faits, nia ses dettes, nia sa conduite à l'armée des Vosges, nia ses absences à l'Assemblée.

Poussé dans ses derniers retranchements, M. Ordinaire interrogé sur la créance Voiron, de Mònaco, déclara l'avoir soldée et fit cette déclaration sur *son honneur* : c'était faux puisque la créance existe encore.

M. Ordinaire fit plus, il promit solennellement de ne plus jouer. Tint-il parole ?

Que M. Ordinaire et ses partisans aient trompé et dupé la grande majorité des électeurs, le bon sens public en a depuis lors fait bonne justice.

Mais ce que nous ne comprendrons jamais, c'est que des hommes chargés d'instruire le peuple se plaisent à le tromper ; ce que nous ne comprendrons jamais, c'est que des journalistes, s'intitulant républicains, poussent la violence et la haine à déblatérer contre leurs propres coréligionnaires, même après la bataille, alors que mieux que personne, ils avaient pleine connaissance de cause et ne pêchaient pas par erreur.

Voici quelques fragments d'un article publié dans le *Progrès*, à la date du 21 février.

« Nos adversaires ont voulu trop prouver.

« Ils s'étaient d'abord acharnés à la personne de M. Ordinaire.

« Aucun moyen ne leur a répugné ; les braves ouvriers de la « Guillotière et des Brotteaux en ont entendu de drôles ! Ils « croyaient l'avoir anéanti, et poussaient d'avance leurs cris de « victoire.

« Ils chantaient hier ; nous sommes certain qu'ils danseront de-« main. »

Eh ! bien, que M. Lagrange se rassure, les dissidents n'ont ni chanté ni dansé.

Mais républicains sincères et patriotes dévoués, ils ont continué d'être aujourd'hui, ce qu'ils étaient hier ; M. Lagrange pourrait-il en dire autant (?).

XII

L'histoire de l'élection est à peu près finie ; nous laisserons, sans aucun commentaire, l'opinion publique faire justice définitive de ce triste mandataire, qui a, dit-on, l'intention de se reporter candidat.

Dans son pamphlet à M. Gambetta, M. Ordinaire prétend que la correspondance qu'il a entretenue avec M. Giraud, son associé, était du ressort de la vie privée. Nous ignorons ce qu'entend par là M. Ordinaire, mais nous prions nos lecteurs de suivre ces lettres attentivement, elles sont très-intéressantes.

En voici le texte exact.

Chambre des Députés

Versailles, le 28 juillet 1876.

Cher Monsieur,

Nous avons l'occasion unique, sûre, de gagner cinq cent mille francs d'ici fin août. J'ai vu hier un administrateur de la Franco-Hollandaise et Laurier qui a placé pour directeur du dit établissement son ancien secrétaire. De plus j'ai consulté Gambetta qui est intéressé dans l'affaire. Il faut, et ils sont tous prêts pour cela, que la Franco-Hollandaise ait dépassé le cours de 500 francs le 7 septembre, jour de la réunion des actionnaires. Philippart par Gambetta, président de la commission du budget, a obtenu tous ses chemins de fer, les renseignements que je vous donne sont d'une *absolue certitude*. Le mouvement de hausse, dû dans ce moment à la spéculation, a un peu surpris les directeurs de la F.-H. Mais ils soutiendront les cours dans les prix actuels jusqu'après la liquidation, c'est-à-dire trois ou quatre jours, puis le mouvement ascensionnel se déclarara en août pour ne pas s'arrêter. *Tenez cela* POUR CERTAIN.

Il faut donc agir sans perdre une minute et progressivement arriver à en acheter sans tapage 5.000, sur lesquels je vous demanderai un tiers du bénéfice.

En présence d'une affaire pareille, ne présentant aucun aléa, je vous conseille d'abandonner l'affaire sur le Turc, si vous l'avez commencée. Sinon au premier bénéfice liquidez-la. Nous tenons une fortune. Voyez Piraud auquel j'écris deux mots et entendez-vous avec lui pour les voies et moyens.

Bien à vous,

F. O.

Je compte sur vous fin du mois.

2 novembre.

Mon cher Giraud,

Je viens de prendre des renseignements sur l'affaire qui nous préoccupe. Je suis sûr que l'événement est prochain, avant quatre ou cinq jours. Philippart est allé se plaindre *avec son conseil* des lenteurs apportées. Il est assigné à nouveau pour demain et on nommera un séquestre pour liquider immédiatement judiciairement avant le procès civil entre Martin et la Hollandaise. Le procès vient lundi, par conséquent cela brûle. Ne perdez pas patience et ne vous étonnez pas de la hausse d'aujourd'hui, c'est le résultat de la hausse générale qui, je crois, n'est que fictive, attendu que M. Thiers disait encore hier que la guerre était certaine. (Tablez ?) là-dessus. Point d'impatience, nous allons toucher au but.

Bien à vous.

Francisque.

La commission rogatoire est *nommée* et les mandats *sont signés* (officiel.)

3 novembre 1876.

Mon cher Giraud,

J'ai reçu votre lettre et votre dépêche et j'y ferai droit; mais, pour Dieu, tenez l'affaire Martin. Elle est sûre pour demain, c'est-à-dire au reçu de ma lettre.

Votre

Francisque.

Je vous enverrai le mot que j'ai reçu ce matin à 9 heures *en coupant la signature.*

14 novembre 1876.

Mon cher Giraud,

Je suis occupé à créer toute une organisation pour marcher sûrement et nous mettre à même *de nous refaire*. Je serai sous peu absolument prêt; mais il faut que vous m'adressiez sans retard une somme de cinq mille francs, qui m'est indispensable pour mener à bien cette entreprise. Vous voyez ce qu'il en est, vous avez pu en juger vous-même.

Votre

Francisque.

15 novembre 1876.

Mon cher Giraud,

J'ai reçu votre lettre ce matin et nous arrêterons nos comptes avec les pièces officielles, car il doit y avoir cette liquidation, une petite partie..... sur le mois passé.

J'ai une ferme confiance dans l'affaire Martin, à condition de pouvoir maintenir la position; d'autres vont se présenter, et je m'abouche en ce moment avec les princes de la finance. Néanmoins, comme je vous l'ai écrit hier, il est indispensable de faire certaines dépenses que *je ne puis vous expliquer par lettre* et qui nous assureront un succès certain.

Voyez si cela est possible et j'estime qu'avant trois mois nous aurons fait une grosse fortune. *Rien ne se fait sans argent.*

En attendant, je dois vous prévenir que la (Conférence?) des puissances est acceptée et qu'il y aurait lieu de..... sur l'Italien en hausse dès aujourd'hui.

A vous.

F. O.

Je vous adresserai demain matin un télégramme à ce sujet.

17 novembre 1876.

Mon cher Giraud,

Il n'y a rien de perdu. On fait des efforts surhumains pour élever les cours, et on ne peut pas y parvenir malgré *certaines complicités.* IL N'Y A AUCUN DANGER.

Je vous ai parlé dans mes deux lettres précédentes d'une organisation que j'organisai pour différentes affaires auprès *de différents journaux et de différentes personnes.* J'ai demain rendez-vous avec P..... Je dois voir d'autres personnes que je ne puis nommer ici. Mais comme je vous l'ai dit, pour mener à bien l'entreprise, auprès de certains subordonnés, il faut absolument le nerf de la

gue:re, je vous l'ai demandé deux fois. Voyez à agir, que nous re-
montions promptement en selle.

Votre

Francisque.

Je crois à une reprise sur les rentes italiennes.

CHAMBRE DES DÉPUTÉS

Versailles, le 25 novembre 1876.

Mon cher Giraud,

J'ai rendez-vous ce soir à cinq heures pour notre affaire, et je
vous écrirai de suite.

Je dîne mercredi chez Guyot-Monpayroux avec Philippart et
Pascal Duprat Ce sera fort intéressant ; *mais songez à ma demande*,
il serait fort important pour nous que cela soit fait avant la con-
versation que j'aurai avec ces Messieurs.

Votre,

FRANCISQUE.

Mardi.

Mon cher Giraud,

Votre obstination à ne pas m'envoyer les 5,000 francs que je
vous ai demandés pour nos affaires nous fait perdre plus de
200,000 francs, parce que j'aurais été prévenu de la baisse considérable du Foncier et de la Hollandaise. Enfin ! mais en tout cas,
rien n'est perdu, si courrier par courrier vous m'envoyez cela : car
il y a beaucoup à faire suivant les décisions de la commission avec
laquelle j'ai dîné, ainsi que je l'ai écrit à P.... Pour être renseigné
avant tout le monde, il faut que j'avance cette somme à une personne dont je ne puis vous dire le nom. Il y a un coup énorme à
faire de suite. Notre affaire du Mobilier s'améliore de plus en
plus et tous les renseignements que j'ai recueillis me font espérer
un gros bénéfice. J'attends avec impatience.

.Votre,

FRANCISQUE.

Mercredi.

Mon cher Giraud,

Réfléchissez bien à ce que je vous ai demandé. Ce n'est pas pour
moi, c'est pour être à même d'être renseigné à la Chambre
d'avance sur les travaux de la Commission des chemins de fer
nommée hier. Je connais intimément le rapporteur et il faut aussi
que j'agisse après renseignements dans la presse. *C'est argent et ne
puis rien faire sans vous*. J'ai écrit hier à P.... et lui ai parlé de
M.... C'est une affaire de patience.

A vous,

FRANCISQUE.

Vous voyez que sur l'Italien mes prévisions se réalisent. Mais
maintenant il faut attendre à la fin de ce mois ou les premiers
jours du mois prochain, nous agirons. Mais l'intervention que je
vous demande est également utile pour cela.

31 décembre 1876.

Mon cher Giraud,

Tout ce qu'il était possible de faire a été fait : interpellation,
d'accord avec le Ministre qui, au dernier moment, s'est à moitié

retourné — *Article dans le* FIGARO *d'hier,* — *Article en première page*
au COURRIER DE FRANCE, etc., etc.

Maintenant quelle sera l'impression de la Bourse : J'ai chargé
Paul et B..,. de s'en informer et ils doivent vous écrire aujourd'hui
même à ce sujet, étant plus compétent pour savoir ce qui s'y dit
et ce qu'on y fait que moi.

  Votre,

           FRANCISQUE.

Ci-inclues les notes du *Journal officiel*.

         13 janvier 1877.

  Mon cher Giraud,

J'ai reçu votre lettre. Si je ne vous ai pas écrit, c'est que Paul,
que j'ai vu tous les jours, s'est chargé de vous envoyer à chaque
courrier une lettre explicative. Je ne l'ai pas vu hier, mais avant-
hier, lorsqu'il m'a annoncé que vous lui aviez donné l'autorisation
d'agir pour vous, je lui ai dit de liquider le Foncier et il m'a promis de le faire. Je ne suis donc pas inquiet sur la hausse, vous de-
vez être paré. Je suis très-occupé en ce moment et je fais tous mes
efforts pour vous sortir et moi également *du Pétrin où nous sommes*
tombés d'une façon inexplicable, probablement par suite de quiproquos.

  A vous,

         F....

Ces lettres édifiantes ayant été lues à la première
audience du procès Rolland, contre Ordinaire et
Giraud, appartiennent de plein droit au domaine
public; nous n'avons pas hésité un instant à en donner la teneur.

XIII.

Mais ces lettres contenant des vilenies mensongères et d'odieuses calomnies à l'endroit de diverses
notabilités du parti républicain, grâce à dame réaction, toujours à l'affût du scandale, l'affaire s'ébruita,
ce qui força M. Gambetta, dont l'honneur était formellement en cause, à répondre par la voix de son
organe, la *République française.*

Voici cette réponse, elle est péremptoire, c'est la
superbe exécution de ce piètre transfuge :

« Le parti républicain a toujours eu l'habitude de se montrer
« très-sévère pour les défaillances de ceux de ses membres qui ne
» savent pas mettre *tous les actes de leur vie d'accord avec leurs prin-*
« *cipes.* Les journaux de la coalition s'efforcent de tirer des con-
« clusions blessantes pour le parti républicain des pièces de la
« correspondance de M. Ordinaire, ancien député du Rhône, et
« de M. Giraud, son créancier ou son associé. Un procès a fourni
« à nos adversaires et à nous-mêmes des révélations que nous ac-
« cueillons avec douleur, mais dont nous tiendrons compte.

« M. Ordinaire, depuis plus d'une année, paraît-il, s'était aban-
« donné aux entraînements du jeu, de la spéculation. Il cherchait
« la fortune rapide et facile et il semble avoir trouvé la ruine. Les

« lettres publiées malheureusement ne laissent aucun doute. Le
« jeune député demandait à un habitant de Lyon les fonds néces-
« saires pour tenter la chance à la bourse de Paris ; et, pour en-
« tretenir les espérances, les illusions, pour exciter les convoitises
« de M. Giraud, *il profitait de sa situation personnelle*, il arrangeait
« dans ses lettres au jour le jour, pour la hausse ou la baisse, les
« incidents de l'œuvre parlementaire à laquelle il ne participait
« d'ailleurs *que par ses votes silencieux*. Il ne craignait pas même,
« pour donner quelques vraisemblances à ses prédictions, pour
« expliquer ses martingales, *d'abuser des noms de ses collègues*, et des
« plus illustres et des plus honorés ; ou bien il inventait des com-
« binaisons qui n'ont jamais existé que dans son imagination de
« joueur poursuivant la veine.
  « C'est ainsi qu'il parlait des conversations et même des opéra-
« tions financières de M. Gambetta, de l'amitié de M. Wadding-
« ton, rapporteur de la commission des chemins de fer, des confi-
« dences de M. Thiers annonçant la guerre, c'est-à-dire la baisse.
« C'est ainsi qu'il racontait toute une histoire de chemins de fer
« accordés à M. Philippart par la commission du budget, sur la
« recommandation de son président, M. Gambetta, intéressé dans
« l'affaire, histoire dont le dénoûment devait être la hausse des
« actions de la société Franco-Hollandaise. Est-il besoin de dire
« que la commission du budget *n'a jamais eu à examiner* une seule
« question concernant les chemins de fer de M. Philippart, que le
« président de la commision, M. Gambetta, par conséquent, *n'a*
« *jamais eu occasion de donner un avis sur ces affaires*, que M. Philip-
« part *n'a même jamais sollicité aucune concession* du ministère de
« M. Christophle et de la dernière chambre, qu'il s'efforçait seule-
« ment d'obtenir la ratification de son traité avec la Compagnie
« d'Orléans, ratification que la commission spéciale d'abord et la
« chambre ensuite *ont repoussé à l'unanimité?* Tout était donc *d'in-*
« *vention pure* dans la correspondance de M. Ordinaire ; et cela est
« évident pour tous ceux qui se donneront la peine de la lire. »

XIV.

Par suite de cette terrible, mais juste exécution
Mons Ordinaire réduit à brûler ses derniers vaisseaux
menaça (c'est toujours dans l'ordre) de tomber le
Leader des gauches, ce qui nous semble fort difficile
eu égard à l'honorabilité profonde et à l'immense
talent du grand républicain.

Il construisit, ou plutôt il fit construire, car les
phrases sont trop habilement enchaînées pour que
nous puissions croire qu'elles émanent de sa main,
donc il fit construire sa fameuse brochure intitulée :
Réponse à M. Gambetta dont nous avons parlé dans
notre premier chapitre.

Le *Figaro* nous dit de quelle façon il s'en est pro-
curé la primeur :

« Pour en revenir à la question Ordinaire, écrit M. de Vilemes-
« sant, on m'en propose l'achat, et comme entrée de jeu, on me dit

« qu'un grand journal anglais en a offert vingt-cinq mille francs.
« Je réponds que certainement la brochure a une grande valeur,
« mais qu'à ce prix-là on fera mieux de l'offrir à mon confrère du
« *Gaulois*, M. Tarbé, qui sera enchanté d'en faire l'acquisition.
« Enfin nous discutons et finalement nous nous arrangeons. *Je paye*
« *et je retire un reçu en règle.*

Nous n'avons plus qu'à tirer l'échelle et laisser à l'opinion publique le soin de traiter de semblables choses.

Toutefois, nous avons, comme quelques autres, voulu nous rendre compte de l'importance de ce libelle, et nous avons eu le regret de n'y voir aucune justification.

M. Ordinaire n'y parle pas de l'emprunt qu'il a contracté à Saxon-les-Bains vis-à-vis d'un garçon qui était ébloui par son titre de député, mais qui le sera plus encore le jour, *bien éloigné*, où sa créance lui sera remboursée.

M. Ordinaire ne nous dit pas non plus que, traité publiquement de diffamateur par Menotti-Garibaldi, il a été obligé de donner sa démission de capitaine d'état-major de l'armée des Vosges, pendant la guerre de 1870-1871.